essentials

essentials liefern aktuelles Wissen in konzentrierter Form. Die Essenz dessen, worauf es als „State-of-the-Art" in der gegenwärtigen Fachdiskussion oder in der Praxis ankommt. *essentials* informieren schnell, unkompliziert und verständlich

- als Einführung in ein aktuelles Thema aus Ihrem Fachgebiet
- als Einstieg in ein für Sie noch unbekanntes Themenfeld
- als Einblick, um zum Thema mitreden zu können

Die Bücher in elektronischer und gedruckter Form bringen das Expertenwissen von Springer-Fachautoren kompakt zur Darstellung. Sie sind besonders für die Nutzung als eBook auf Tablet-PCs, eBook-Readern und Smartphones geeignet. *essentials:* Wissensbausteine aus den Wirtschafts-, Sozial- und Geisteswissenschaften, aus Technik und Naturwissenschaften sowie aus Medizin, Psychologie und Gesundheitsberufen. Von renommierten Autoren aller Springer-Verlagsmarken.

Weitere Bände in dieser Reihe http://www.springer.com/series/13088

Jörg Brenner · Angela Budczinski
Patrick Schläfle · Florian Storch

Grundsätze der Professionalität im Beruf

Praxiswissen für die Führungsaufgabe

Springer Gabler

Jörg Brenner
Zeppelin Universität
Friedrichshafen, Deutschland

Angela Budczinski
Zeppelin Universität
Friedrichshafen, Deutschland

Patrick Schläfle
Zeppelin Universität
Friedrichshafen, Deutschland

Florian Storch
Zeppelin Universität
Friedrichshafen, Deutschland

ISSN 2197-6708   ISSN 2197-6716 (electronic)
essentials
ISBN 978-3-658-14920-8   ISBN 978-3-658-14921-5 (eBook)
DOI 10.1007/978-3-658-14921-5

Die Deutsche Nationalbibliothek verzeichnet diese Publikation in der Deutschen National-
bibliografie; detaillierte bibliografische Daten sind im Internet über http://dnb.d-nb.de abrufbar.

Springer Gabler
© Springer Fachmedien Wiesbaden 2016

Gedruckt auf säurefreiem und chlorfrei gebleichtem Papier

Springer Gabler ist Teil von Springer Nature
Die eingetragene Gesellschaft ist Springer Fachmedien Wiesbaden GmbH

Was Sie in diesem *essential* finden können

Professionalität – ein viel diskutierter Begriff. Doch was bedeutet er eigentlich und wie lässt er sich einordnen? Das vorliegende Essential gibt einen Einblick in die Begrifflichkeit der Professionalität und erläutert deren Relevanz für die Arbeitswelt. Insbesondere wird hierbei auf den Aspekt der Professionalität in Verbindung mit Führung eingegangen. Auf Basis wissenschaftlicher und praktischer Erkenntnisse werden in zusammenfassenden Grundsätzen wertvolle Handlungsempfehlungen für die Entwicklung der eigenen Professionalität herausgearbeitet, welche für (angehende) Führungskräfte, wie auch für die wissenschaftliche Forschung hilfreich sind.

Vorwort zu „Praxiswissen Management"

Es gehört zum Selbstverständnis der Zeppelin Universität, Friedrichshafen, die Forschung in die Lehre zu integrieren. „Die Zukunft des Managements" ist eines der Schwerpunkte der interdisziplinären Forschung an der Zeppelin Universität. In den Masterprogrammen aller Fakultäten zwischen Wirtschaft, Kultur und Politik werden Kurse zu „Leadership" angeboten. In dem von mir betreuten Kurs im Frühjahr-Semester 2015 entwickelten die etwas über 30 Kommilitoninnen und Kommilitonen ihr eigenes Forschungsprogramm. Die Aufgabenstellung bestand darin, vom Standpunkt einer pragmatischen Forschung aus für die Berufsanfänger und -aufsteiger Erfahrungen aufzubereiten, die ihnen hilfreich sein können, die Rolle einer oder eines Vorgesetzten zu bewältigen. Dabei schwebte uns nicht vor, die so reichhaltige Berater-Literatur „Wie werde ich Chef oder CEO" zu ergänzen. Der Modellfall der Führungskraft, die wir vor Augen haben, ist die Leiterin oder der Leiter einer Abteilung mit mehreren Mitarbeitern, die oder der selbst eine vorgesetzte Person hat. Unsere Führungskraft gehört zum Mittelbau, der bekanntlich das Rückgrat jeder Organisation ist, der aber auch eine schwierige Stellung zwischen den Wünschen der Mitarbeiter und dem Leistungsdruck „von oben" hat.

Die Themen, die behandelt werden sollten, wurden von mir – aus der Sicht des Bedarfes in der Praxis – vorgegeben. Die Aufgabenstellung bestand darin, in einer Meta-Analyse die Literatur dahin gehend zu sichten, welche vermittelbaren Erfahrungen daraus gewonnen werden können. Dabei waren die Theorien, die zur Allgemeinbildung einer Führungskraft gehören sollten, aufzubereiten. Darüber hinaus sollte aber auch die Experten-Literatur herangezogen werden. Natürlich galt es, den Stand der Forschung zur Rezeption der Theorien zu referieren und den Geltungsbereich von Expertenempfehlungen kritisch zu würdigen.

Aus praktischen Gründen wurde jedes Thema von zwei Gruppen bearbeitet, von denen eine die anglo-amerikanische Literatur und die andere die deutschsprachige Literatur durcharbeitete. Beide Arbeiten zu dem Thema sind in diesem Band zu einem Text zusammengeführt. Für die Ausarbeitung wurde ein einheitlicher Rahmen vorgegeben. Dieser Rahmen verlangt, dass die BearbeiterInnen in der Zusammenfassung – durchaus aus ihrer subjektiven Sicht – dem Leser drei bis sechs Verhaltensempfehlungen geben und circa sechs Literaturempfehlungen zur vertiefenden Literatur. Die Artikel werden hier so veröffentlicht, wie sie von den Studenten – eventuell nach Berücksichtigung von Korrekturanregungen – geschrieben worden sind.

Diese Arbeiten stellen wir nun unseren idealen Lesern vor: Den aufstrebenden Mitgliedern in einer wirtschaftlichen, kulturellen oder staatlichen Organisation, die sich auf eine Führungsposition vorbereiten möchten. Wir wollen ihnen solides Wissen und brauchbare Wegleitungen für das Selbststudium anbieten. Ich selbst hätte mir zum Beginn meiner beruflichen Laufbahn eine solche breitere Übersicht gewünscht.

Friedrichshafen,   Dr. Hermut Kormann
Deutschland   Honorar-Professor
                                                                    Zeppelin Universität
                              Strategie und Governance von Familienunternehmen

Einleitung

Es hat eine programmatische Bedeutung, dass wir für den ersten Band unserer neuen Buchreihe über „Praxiswissen Führung" einen Aufsatz wählen, der sich mit den Grundsätzen der Professionalität im Beruf befasst. Denn dies ist das Ziel unserer Veröffentlichungen: den Lesern Material an die Hand zu geben, ihre Professionalität als Führungskraft zu erhöhen. Verschiedene Forschungsströme zeigen uns, dass Praxis und Wissenschaft intensiv nach einem Leitbild für die moderne Führungskraft suchen. Es gibt plausible Indikatoren dafür, dass die Anforderungen an die Führungskräfte immer größer werden. Die sich beschleunigende Dynamik der technischen und wirtschaftlichen Entwicklung kann nur bewältigt werden durch Führung der Unternehmungen. Der „Agent" der Prinzipal-Agent-Theorie, dessen eigensüchtiges Verhalten dadurch auf die Unternehmensziele ausgerichtet werden soll, dass er durch hohe Boni gebunden wird, kann kein Rollenvorbild sein. Es kann auch nicht durch immer mehr Regelungen der Governance und des Compliance-Managements ein verantwortungsvolles Verhalten der Führungskräfte sichergestellt werden. Mehr und mehr wird erkannt, dass es eben nicht allein auf die „heroische" Führungskraft an der Spitze des Unternehmens ankommt, sondern auf die Führungskultur im ganzen Unternehmen, die von allen Führungskräften in den Organisationsbereichen getragen wird. Die Unternehmen versuchen durch Wertvorstellungen und Verhaltensnormen eine solche leistungsfähige und verantwortliche Führungskultur zu gestalten.

Professionalität als Wegleitung für den Beruf des Managers ist ein neues Stichwort im Diskurs zur Führung. Es erscheint aussichtsreich, nach Grundsätzen der Professionalität zu fragen. Wichtige Berufe, auf denen unsere Zivilisation aufbaut, wie der des Arztes, des Richters, des Anwalts, des Ingenieurs, des Wissenschaftlers, haben Grundsätze der Professionalität. (Dass Verstöße gegen Grundsätze vorkommen, ist – wie in allen Bereichen der Werte – kein Beleg dafür, dass Werte wertlos sind.) Jörg Brenner, Angela Budczinski, Patrick

Schläfle und Florian Storch erfassen neben dem Konstrukt der individuellen Professionalität auch die organisatorische Professionalität. In zusammenfassenden Grundsätzen werden beherzigenswerte Ratschläge für die Entwicklung der eigenen Professionalität gegeben. Hierzu können die nachfolgenden Beiträge dieser Schriftenreihe weitere wertvolle Unterstützung leisten.

Dr. Hermut Kormann
Honorar-Professor
Zeppelin Universität
Strategie und Governance von Familienunternehmen

Inhaltsverzeichnis

Einleitung 1

Betrachtet man die Vielzahl und die Vergänglichkeit von Managementmethoden innerhalb der letzten Jahrzehnte, wird rasch ersichtlich, dass – abseits der etablierten Führungskonzepte – nur wenig Konstanz herrscht. Somit stellt sich die Frage, ob sich die Ansätze dieser kommenden und gehenden Management-Moden in zu detaillierten Betrachtungsweisen verlieren, anstatt sich auf die notwendigen Kernkompetenzen eines Managers zu konzentrieren. Zu diesen Kernkompetenzen sollten unter anderem auch die Grundsätze einer professionellen Berufsausübung zählen. Was jedoch ist unter „Professionalität" zu verstehen und wie kann diese für eine Führungskraft des mittleren Managements von Relevanz sein? Wenn man einer Person „professionelles Verhalten" oder einer Firma aufgrund ihrer Unternehmenskommunikation „einen professionellen Auftritt" zuspricht, zeigt sich, in welchem Rahmen der Begriff „Professionalität" im Alltag verwendet wird. Daher beleuchtet diese Arbeit die unterschiedlichen Blickwinkel auf Professionalität, geht auf Herkunft und Wirkung des Begriffes in englischer wie deutscher Literatur sowie Gesellschaft ein und formuliert daraus so allgemeingültig wie möglich Leitsätze der Professionalität im Beruf.

© Springer Fachmedien Wiesbaden 2016
J. Brenner et al., *Grundsätze der Professionalität im Beruf*, essentials,
DOI 10.1007/978-3-658-14921-5_1

Professionalität im Alltag 2

In der Alltagssprache wird Professionalität allgegenwärtig und in verschiedenen Zusammenhängen verwendet, sodass keine genaue Bedeutung abgeleitet werden kann. Im beruflichen Alltag beispielsweise ist regelmäßig zu hören, dass eine geforderte Professionalität des Gegenübers, was gleichzeitig mit qualitativer Kompetenz wie auch persönlichen Eigenschaften verbunden ist, als ein grundlegendes Verhaltensmuster wahrgenommen wird. Dabei ist es gar nicht so einfach zu erklären, wie dieses oder jenes an den Tag gelegte, oder manchmal eben auch vermisste professionelle Auftreten in Kriterien festgehalten werden kann.[1] Dabei spielt das Verständnis über professionelles Verhalten eine wichtige Rolle im Entwicklungsprozess des persönlichen Handlungsideals. Besonders zu Beginn des Karrierelebens, wenn noch keine umfassende Erfahrungsbasis aufgebaut ist, können verinnerlichte Grundsätze und Leitlinien hilfreiche Wegweiser im Berufsalltag darstellen. Grundlegendes, als professionell wahrgenommenes Verhalten vermag zudem als Vertrauensbasis im beruflichen Umfeld dienen, welches eine Voraussetzung für eine dauerhafte Zusammenarbeit darstellt. Professionalität ist oft gar nicht explizit greifbar, spielt jedoch eine imminente Rolle als Norm für ein ideales Verhalten im beruflichen Alltag und für das Handeln einer Führungskraft.

Es lässt sich daher schon zu Beginn sagen, dass keine eindeutige Definition, sei es generell oder vor dem Hintergrund der Führung, möglich ist. Fox stellte dies bereits 1992 fest: „Professionalism means different things to different people. [...] it is unlikely that the term professional(ism) will be used in only one concrete way."[2]

Die Bescheinigung eines „sehr professionellen" Auftretens, gilt gemeinhin als ein wertschätzendes, anerkennendes Lob. Gemeint ist dabei oft mehr als nur

---

[1]Vgl. Berner (2004, S. 1).
[2]Fox (1992, S. 2).

© Springer Fachmedien Wiesbaden 2016
J. Brenner et al., *Grundsätze der Professionalität im Beruf*, essentials,
DOI 10.1007/978-3-658-14921-5_2

fachliches Wissen. Die Erwartungen an Professionalität gehen darüber hinaus.[3] Demnach beinhaltet der Professionalitätsbegriff Aspekte fachlicher wie auch persönlicher Kompetenz, die beide unabhängig voneinander und auf unterschiedlichen Wegen erlernt werden können. Schmid sieht in dem Begriff der Professionalität daher auch eine „Ablösung von einem Set an Inhalten und Methoden zugunsten von Grundfiguren, Werthaltungen, Lernverhalten und Inszenierungsstilen"[4]. Demnach wird „Professionalität" immer mehr durch das „Wie" statt durch das „Was" definiert, also durch eine „Kultur der Profession."[5]

So ist eine Unterscheidung zwischen „einen guten Job machen" und professionellem Handeln im Beruf eine mögliche Hilfe zur Abgrenzung der Begriffe. Im Gegensatz zu einem als gut bescheinigten Verhalten, welches zwangsläufig das Ergebnis eines Handelns mit einbeziehen muss, beschreibt das professionelle Verhalten alleinig die Art und Weise und nicht den Erfolg des Verhaltens. Somit lässt sich ableiten, dass Professionalität nicht zwangsläufig zu Erfolg (wie auch immer dieser gemessen wird) führt, allerdings in vielen Fällen eine notwendige Bedingung desselben darstellt.[6]

Es stellt sich also weiterhin die Frage, wie dieses „Wie" des Handelns beschrieben werden kann. Im Brockhaus findet sich keine Definition zur Professionalität, weshalb folgender Wortlaut aus dem Onlinelexikon „onpulson" angeführt wird: Professionalität ist also eine Summe aus Eigenschaften, welche sich aus einer Profession – einem Berufsstand – ableiten lassen, wobei besonders wichtig zu sein scheint, wie und in welcher Ausprägung sich diese Eigenschaften bemerkbar machen. Dieses systematische Verhalten wird in der Folge erst dann als professionell tituliert, wenn es innerhalb der gemeinsamen Kollegenschaft als formaler, oder auch informeller, Standard wahrgenommen wird.[7] Diese rein interne Definition kann aber auch zu Konflikten gegenüber möglichen Kunden führen, da diese entweder aus der Vergangenheit oder aus sich heraus ganz andere Erwartungen an einen Berufsstand haben, als diese für sich selbst sehen.

▶ **„Professionalität"** „Als Professionalität wird die von Angehörigen eines Berufsstandes erwartete Fertigkeit, Kompetenz oder Verhaltensnorm bezeichnet."[8]

---

[3]Vgl. Berner (2004, S. 1).
[4]Schmid (2008).
[5]Schmid (2008).
[6]Vgl. Kalkowski (2010, S. 3 ff.).
[7]Vgl. Kalkowski (2010, S. 5).
[8]Onpulson – Wissen für Manager und Unternehmer (2015).

Darauf aufbauend stellt sich die Frage, inwieweit Professionalität auch für den Bereich der Führung relevant ist. Führungskräfte und somit Abteilungsleiter müssen sich aufgrund ihrer Vorbildfunktion mit den Normen der „Professionalität" auseinandersetzen, deren Nichtbeachtung weitreichende Probleme nach sich ziehen kann. Der Skandal um die ehemaligen Geschäftsführer der Firma Enron, Kenneth Lay und Jeffrey Skilling, zeigt, wie unprofessionelles (und zudem gesetzeswidriges) Verhalten negative Auswirkungen, sowohl auf die Organisation als auch auf die beteiligten Individuen, haben kann. Durch dubiose Geschäftspraktiken in der Berichterstattung über die Unternehmensentwicklung schaffte es die Enron-Führungsriege einen der größten US-Konzerne an den Rand der Existenz zu manövrieren.[9] Um solchen Praktiken in der Zukunft einen Riegel vorzuschieben, verabschiedete die US-Regierung den Sarbanes-Oxley-Act, der als eine Art gesetzliche Leitlinie für professionelle Unternehmensführung präsentiert wurde. Als Leitfaden für professionelle Grundsätze im Bereich „Management" erweist dieser sich jedoch als ungenügend, da ein starker Fokus auf die akkurate Ausweisung von Unternehmensleistungen für börsennotierte Unternehmen gelegt wurde.[10] Anders als in anderen Berufsgruppen wie der Medizin oder dem Rechtswesen gibt es im Bereich „Führung" keine festgelegten Kriterien, nach denen die Arbeit ausgeübt werden soll. Im Folgenden soll daher dargestellt werden, wie professionelle Arbeit im Bereich der Führung aussehen könnte und weshalb sie für die Effizienz einer Unternehmung von entscheidender Bedeutung sein kann. Dafür wird zunächst eine Skizzierung des Begriffs der Professionalität aus wissenschaftlicher Betrachtungsweise dargestellt. Im zweiten Schritt werden darauf aufbauend dann wichtige Grundsätze der Professionalität im Beruf und im Speziellen in einer Führungsaufgabe abgeleitet.

---

[9]Vgl. Petrick und Scherer (2002, S. 37 ff.).
[10]Vgl. Coates (2007, S. 111 f.).

Die Professionalität – eine normative Näherung 3

Wenn man sich mit den Grundsätzen der Professionalität im Beruf im Kontext der Führung bzw. des Managements auseinander setzen will, sollte deshalb zunächst betrachtet werden, welche heterogenen Betrachtungsweisen der Professionalität möglich sind. Wie bereits zu Beginn erwähnt, ist eine eindeutige Definition des Begriffes „Professionalität" nicht möglich.

▶ Dem deutschen Begriff Professionalität stehen die englischen Begrifflichkeiten „Professionalism", „Profession", „Professionalisation" und „Professionality" gegenüber, was die Komplexität der Thematik treffend widerspiegelt.[1] Daher wird im Folgenden versucht, den Definitionen dieser Begriffe einen zielführenden Rahmen zu geben, der dann die Grundlage zur Erklärung der führungsbezogenen Grundzüge der Professionalität darstellt.

Diese Skizzierung des Begriffs beeinflusst auch ihre Erklärung von „Professionalism", die sich mit der Ansicht von Boyt, Lusch und Naylor deckt:

▶ **„Professionalism"** ist das wahrgenommene Inkrafttreten einer – durch „Professionality" beeinflussten – Arbeitsweise, die in genereller Sicht die allgemeinen Ziele des Berufstandes skizziert und dessen Wahrnehmung und Absichten ebenso wie dessen Kompetenzausmaß, Status und benötigte Expertise widerspiegelt.[2]

---

[1] Anmerkung: Die englischen Begrifflichkeiten „Professionalisation" und „Profession" stehen in ihrem eigentlichen Sinn nicht direkt für Professionalität, sind aber mit dem Begriff eng verwandt.

[2] Vgl. Boyt et al. (2001, S. 322).

© Springer Fachmedien Wiesbaden 2016
J. Brenner et al., *Grundsätze der Professionalität im Beruf,* essentials,
DOI 10.1007/978-3-658-14921-5_3

▶ **„Professionality"** Evans stellt „Professionality" als die ideologische, wertbezogene, intellektuelle sowie wissenschaftstheoretisch basierte Grundhaltung eines Individuums dar, die in Zusammenhang mit der Ausübung dessen Berufes steht und dessen professionelle Arbeitsweise beeinflusst.[3]

▶ **„Profession"** Evetts beginnt ihre Betrachtung mit der Profession. Diese ist für sie eine klar abgegrenzte Berufsgruppe, die durch wissensbasiertes Arbeiten, das eine Ausbildung, spezielles Training und Berufserfahrung benötigt, charakterisiert wird. Zudem geht sie auf das Konzept der Professionalisierung ein. Dieses Konzept beschreibt einen Prozess, den Berufsgruppen durchlaufen, um den Status einer Profession zu erreichen bzw. zu erhalten.

▶ **„Professionalität"** Während die Profession als institutionell und die Professionalisierung als Prozess beschrieben wird, legt Evetts drei verschiedene Interpretationen von Professionalität dar: Professionalität als beruflicher Wert, als Ideologie oder als Diskurs zwischen beruflichem Wandel und Kontrolle durch Führung.[4]

Diese Auslegungen sind als historische Entwicklung zu betrachten. Zunächst wurde die Professionalität von britischen und amerikanischen Soziologen in den 20er und 30er Jahren des 20. Jahrhunderts als soziale Errungenschaft gedeutet. Sie stellten diese als wünschenswerten beruflichen Wert dar, der Kollegialität und gegenseitige Unterstützung versprach und für vertrauensvolle Beziehungen des Fachmannes sowohl zum Klienten als auch zur Führungsebene stand. Es folgte – in den 70er und 80er Jahren des 20. Jahrhunderts – die eher negative Interpretation des Begriffes Professionalität. Im Gegensatz zur früheren Betrachtung wurde ihr kein gesellschaftlicher Mehrwert zugesprochen. Vielmehr wurde sie als Ideologie bezeichnet, die lediglich dem Selbstinteresse der Berufsgruppen diente. Indem sie ihre eigene künstliche Monopolstellung schufen, konnten sie somit Gehälter, Status und Macht ihres Fachgebietes kontrollieren. Die aktuelle Diskussion beschreibt die Professionalität als permanenten Diskurs zwischen Fachleuten und Führungsebene. Im Gegensatz zu den bisherigen Auslegungen zeichnet dieser sich durch die Standardisierung, die vonseiten des Managements betrieben wird, aus. Diese Standardisierung wird durch

---

[3]Vgl. Evans (2002, S. 6 f., 2008, S. 23 f.).
[4]Vgl. Evetts (2008, S. 97 f.).

den Einsatz von Kontrollmechanismen und Rechenschaftspflichten sowie zielorientierten hierarchischen Strukturen in der Entscheidungsfindung charakterisiert.[5]

Zurückkehrend auf die Betrachtungsweise von Evetts unterscheidet sich diese, im Vergleich zu Evans, in ihren Beobachtungen nicht explizit zwischen „Professionality" und „Professionalism", sondern spricht vielmehr von zwei idealtypischen Formen der Professionalität: Beruflicher Professionalität und organisatorischer Professionalität.[6]

Die berufliche Professionalität stellt eine eher traditionelle Sichtweise auf die Begrifflichkeit dar und resultiert aus einem Diskurs, der innerhalb einer definierten Berufsgruppe entsteht/entstanden ist. Die organisatorische Professionalität hingegen versucht die Professionalität „von oben" zu gewährleisten. Dies geschieht durch die Standardisierung und den Einsatz von Kontrollmechanismen, Rechenschaftspflichten ebenso wie durch zielorientierte hierarchische Strukturen in der Entscheidungsfindung.[7] In der Folge wird noch eine eingehendere Betrachtung dieser Konzepte durchgeführt.

Neben diesen Idealformen finden sich unzählige weitere Definitionen aus verschiedenen wissenschaftlichen Bereichen (z. B. Soziologie, Pädagogik oder Betriebswirtschaftslehre), die ebenfalls nur in der Lage sind, den Begriff divergent zu beschreiben. Auffällig ist jedoch, dass in einer Aussage eine hohe Konvergenz herrscht:

▶ Egal in welchem Bereich man auf der Suche nach Antworten ist – ob wissenschaftlich oder nicht – Professionalität wird stets in Verbindung mit „guter Arbeit" gebracht.

Diese „gute Arbeit" definiert sich über berufliche Verhaltensweisen und Handlungen, die auf einem sozialen Mechanismus basieren. Dieser Mechanismus wird durch ein Kollektiv – das hier für den zugehörigen Berufsstand oder Profession steht – gewährleistet. Betrachtet man beispielsweise einen Facharzt, so sind dessen medizinische Handlungen Teil seines Berufsfeldes als Mediziner, das durch das Kollektiv des Berufstandes Medizin reguliert und organisiert wird. Diese Richtlinien sollen nicht nur eine erfolgreiche Praktizierung garantieren, sondern verleihen dem Berufsfeld auch eine Legitimation über eine „höhere Berufung".

---

[5]Vgl. Evetts (2008, S. 99 f.).
[6]Vgl. Evetts (2008, S. 98 f.).
[7]Vgl. Ebd., S. 102.

Neben Medizinern lassen sich hier ebenso Rechtsanwälte, Ingenieure, Lehrer und Universitätsprofessoren anführen.[8]

Interessant ist, dass alle Verhaltenserwartungen an einen bestimmten Berufsstand geknüpft sind und damit Professionalität kein allgemeingültiges Attribut ist, sondern individuell verschieden sein kann.[9]

So spielen neben dem konkreten Beruf noch weitere Eigenschaften für ein professionelles Verhalten eine Rolle:[10]

- Fachbereich und Themengebiet
- Umgangsformen im Team
- Vorgaben des Chefs
- Verantwortung und Position des Mitarbeiters

Wichtig ist hierbei die Abgrenzung zwischen dem reinen Angehören zu einem Berufsstand und dem eigentlichen professionellen Verhalten. Der Begriff der Professionalisierung meint demnach im klassischen Sinne eben nicht den Prozess der Verkörperung von berufsständischem professionellen Verhalten, sondern eher das Eintreten in einen Berufsstand an sich und den Prozess der Verberuflichung handwerklicher und/oder geistiger Tätigkeiten, also dem „berufsmäßigem" Ausführen einer Tätigkeit zum Lebensunterhalt.[11] (Eingängiges Beispiel ist hier auch der Fußballprofi.) Dies lässt sich historisch nachvollziehen als Arbeitsprinzipien und Ethos durch eine zentrale Gilde festgelegt und kontrolliert zu werden begannen. Diese verfügte über Kompetenz- und Zuständigkeitsmonopole, sowie „über eine weitreichende Autonomie hinsichtlich der Gestaltung und Regelung ihrer berufseigenen Belange".[12] In unserer heutigen Zeit allerdings, mit einem liberalen Berufsumfeld, ist dieser Zusammenhang zwischen der Existenz bzw. dem Angehören einer klassischen Profession einerseits und dem inhaltlichen Handeln nach bestimmten Prinzipien andererseits nicht mehr als hinreichend anzusehen.

Es lässt sich nun sagen, dass es sinnvoll wäre, den auf das Management bezogenen Professionalitätsgedanken für den weiteren Verlauf der Abhandlung als eine Kombination der angeführten Erklärungen zu verwenden. Im Folgenden

---

[8]Vgl. Schinkel und Noordregraaf (2011, S. 68).

[9]Vgl. Kühl (2008, S. 11).

[10]Karrierebibel (2015).

[11]F. A. Brockhaus (2005), Stichwort *„Professional"*.

[12]Traue (2010, S. 5).

wird somit versucht, die berufliche sowie organisatorische Sichtweise auf Professionalität darzustellen. Außerdem wird dargelegt, inwieweit sich der Berufstand des Managers anderen „Professionen" ähnelt und welche Schlüsse daraus gezogen werden können.

Berufliche Professionalität 4

Die idealtypische Form der beruflichen Professionalität besteht, nach Evetts, aus einem Diskurs, der innerhalb einer professionellen Berufsgruppe entsteht bzw. entstanden ist. Daher basiert die berufliche Professionalität auf der Autonomie der handelnden Akteure, die ihnen unabhängige Entscheidungen und ein unvoreingenommenes Urteilsvermögen ermöglichen. Diese Autonomie wird über Richtlinien wie zum Beispiel einer Berufsethik, die durch Verbände oder Institutionen verwaltet wird, sichergestellt und sorgt sowohl bei Klienten als auch bei Arbeitgebern für Vertrauen in den Berufsstand. Zudem ist die berufliche Professionalität auf die Fachkompetenz, die durch berufliche Aus- und Weiterbildung gewährleistet wird, angewiesen.[1]

Elemente der beruflichen Professionalität finden sich auch bei Mastrangelo et al. wieder, die von „persönlicher Führung" sprechen. Sie umfasst das Verhalten, das professionelle Führungskräfte bei der Ausübung ihrer Tätigkeiten und Pflichten an den Tag legen sollten. Persönliche Führung besteht aus den Elementen: Expertise, Vertrauen, Fürsorge, Teilen und Moral.[2]

Persönliche Expertise lässt sich hier mit der Fachkompetenz bei Evetts gleichsetzen und ist gemäß Mastrangelo et al. eine der wichtigsten Eigenschaften von effektiven Führungskräften. Sie sorgt nicht nur für eine positive Wahrnehmung bei den Mitarbeitern, sondern auch für Machterhalt. Diese Machtbasis entsteht aus der Loyalität mit dem Vorgesetzten und mündet im extremsten Fall sogar in Bewunderung. Angestellte, die in die Expertise der Führung ihrer Organisation

---

[1]Vgl. Evetts (2008, S. 102).

[2]Anmerkung: Die Thematik Moral wird im Abschnitt „Management und Führung als Profession? Ein Vergleich mit anderen Berufsfeldern" aufgegriffen.

© Springer Fachmedien Wiesbaden 2016
J. Brenner et al., *Grundsätze der Professionalität im Beruf*, essentials,
DOI 10.1007/978-3-658-14921-5_4

vertrauen, sind eher bereit mit ihren Vorgesetzten an einem gemeinsamen Strang zu ziehen.[3]

Mastrangelo et al. erwähnen Vertrauen als ein ausschlaggebendes Element der Führung. Ehrlichkeit, Offenheit und Verlässlichkeit einer Führungskraft sind vertrauensbildende Maßnahmen, die die Grundlage für ein hoffentlich erfolgreiches Arbeitsverhältnis bilden. Ebenso sind Empathie, Höflichkeit und dem Mitarbeiter Gehör zu schenken wichtige Faktoren, die ein kollektives und systematisches Verhalten von gegenseitiger Fürsorglichkeit ermöglichen. Nur wenn ein ausreichendes Vertrauensverhältnis besteht und die Mitarbeiter das Gefühl haben, dass man sie mit ihren Ideen und Bedürfnissen als Teil der Unternehmung wahrnimmt, wird eine Organisation ihrer Führung folgen.[4]

Denkt man nun aber zurück an das Beispiel des Mediziners und stellt sich die Kompetenzfrage, eröffnen sich hierzu Parallelen. Dessen Fachkompetenz ist durch Ausbildung und Training erlernbar und ähnelt folglich den Berufsgruppen des Anwaltes oder des Ingenieurs. Aber wie lässt sich diese Fachkompetenz definieren? Fachkompetenz vereint die Eigenschaften, Begabungen und das Wissen, die in bestimmten Situationen notwendig sind, um den Anforderungen des Berufsalltags gerecht zu werden. Infolgedessen ist Fachkompetenz für jegliche Art von Führungskräften zwingend erforderlich. Sie sollten den täglichen Herausforderungen gewachsen sein und gleichzeitig als Vorbild für ihre Mitarbeiter dienen.[5] Diese Vorbildfunktion ist eine der Hauptaufgaben einer Führungskraft. Kouzes und Posner stellten bereits 1987 fest, dass eine Führungskraft die Menschen um sich herum durch ihre eigene Art der Führung – und somit durch ihre Funktion als Orientierung und Vorbild – anleiten kann, erfolgreich zu sein.[6]

Eine der wichtigsten Attribute des fachkompetenten Führens ist eine Übereinstimmung zwischen dem Selbst- und dem Fremdbild hinsichtlich der Fachkompetenz. Nur wenn die übrigen Mitglieder einer Gruppe der Meinung sind, dass eine Person die notwendige fachliche Qualifikation innehat, besteht die Chance, dass diese Person die Gruppe erfolgreich leiten kann. Ist das Gegenteil der Fall und nur der Leiter der Gruppe hält sich selbst für qualifiziert, ist dessen Führung entweder von Beginn an ineffektiv oder seine Führung wird gar nicht erst von der Gruppe angenommen. Der fachliche Beitrag des Team- oder Gruppenleiters entscheidet somit stark über den Erfolg einer Gruppe. Ein jahrzehntealtes Beispiel

---

[3]Vgl. Mastrangelo et al. (2004, S. 440 f.).
[4]Vgl. Mastrangelo et al. (2004, S. 440 f.).
[5]Vgl. Bass (2008, S. 109).
[6]Vgl. Kouzes und Posner (2003, S. 3).

dafür wird von Bass angeführt. Schon beim Wettlauf zum Südpol spielte Fachkompetenz eine entscheidende Rolle. Aufgrund unzureichender Planung und Ausrüstung verlor das Team um Robert F. Scott das Rennen und überlebte die Rückreise nicht. Wohingegen der Abenteurer und erfahrene Polarexperte Roald Amundsen sich für alle Eventualitäten rüstete, erfolgreich den Südpol erreichte und zurückkehrte.[7]

Zusammenfassend lässt sich sagen, dass ausgeprägte Fachkenntnis nicht gleich Führungsqualität bedeutet, sondern viel eher, dass diese fachliche Qualifikation für professionelle Führung unerlässlich ist. Insbesondere bei Abteilungsleitern des Middle-Managements wirkt sich die Fachkompetenz stark auf den Führungserfolg aus. Mangelnde Expertise eines Leiters oder Managers erschwert den Stand gegenüber Mitarbeitern und hindert ihn an der Erfüllung seiner Aufgaben. Beispielhaft lässt sich der ewige Disput zwischen Ingenieuren und betriebswirtschaftlich orientierten Mitarbeitern anführen. Allzu häufig kommunizieren die beiden Gruppen nicht mit „der gleichen Sprache", da sie einen unterschiedlichen fachlichen Hintergrund haben, was eine Vermittlungs- bzw. Übersetzungs- und Kommunikationskompetenz der Führungskraft erforderlich macht.

---

[7]Vgl. Bass (2008, S. 108).

Organisatorische Professionalität

5

Gemäß Evetts ist der Idealtyp der organisatorischen Professionalität eine Debatte um Kontrolle, die vor allem vom Management einer Organisation geführt wird. Im Gegensatz zur beruflichen entwickelt sich die organisatorische Professionalität nicht aus der Profession heraus, sondern wird ihr „von oben" auferlegt. Sie sorgt für einen rechtlichen Rahmen der Steuerung und prägt hierarchische Strukturen, die Verantwortlichkeiten und Entscheidungsbefugnisse regeln. Es wird dabei vor allem auf die Standardisierung von Abläufen und die Einführung von Kontrollsystemen Wert gelegt. Der Erhalt und die Regulierung der organisatorischen Professionalität erfolgen in der Praxis über Leistungsbeurteilungen und Zielkontrolle durch das Management.[1]

Mastrangelo et al. greifen diese Thematik in ihrer Beschreibung der „professionellen Führung" auf, die sich aus Ausrichtung, Prozessstruktur und Koordination zusammensetzt. Der Fokus der professionellen Führung liegt auf der organisatorischen Ebene und umfasst den formalen Teil der Führung.[2] Dazu gehören die Festsetzung einer Vision oder eines Leitbildes für das Unternehmen, die Schaffung von Prozessen und die Anwendung von Führungsmethoden zur Erreichung von Zielen. Zudem müssen Prozesse, Verfahren, Mitarbeiter und Infrastruktur im Sinne der Zielerfüllung koordiniert werden.

Eine generelle Ausrichtung ist eines der Kernelemente der Führung um eine gemeinsame Zielsetzung festzulegen und die Mitglieder der Organisation auf diese zu vereinen. Nachdem Organisationen kooperative und koordinierte Systeme sind, sorgt jene Zielsetzung für Orientierung und Effektivität und bildet die Keimzelle des Erfolges. In der Praxis werden dafür oftmals Visionen, Leitbilder

---

[1]Vgl. Evetts (2008, S. 102).
[2]Anmerkung: Im Gegensatz zur persönlichen Führung.

© Springer Fachmedien Wiesbaden 2016
J. Brenner et al., *Grundsätze der Professionalität im Beruf*, essentials,
DOI 10.1007/978-3-658-14921-5_5

und Philosophien verwendet, die individuellen Nutzen mit effektiver Zielausrichtung für das Unternehmen verbinden.[3]

Für den Erfolg der Ausrichtung des Unternehmens ist die Einführung einer systematischen Prozessstruktur unabdingbar. Effektive Prozessgestaltung zeichnet sich durch Partizipation, kontinuierliche Verbesserung und eine Ausrichtung auf die Organisationsziele aus. Wenn diese drei Bestandteile durch Führung sichergestellt werden, steigt die Bereitschaft der Mitarbeiter zu kooperieren. Professionelle Führung sollte sich zudem durch eine effektive Koordination auf allen Unternehmensebenen auszeichnen, die den reibungslosen Ablauf der Organisation ermöglichen soll. Durch einen effizienten Einsatz von Mensch und Maschine können Probleme frühzeitig aus dem Weg geräumt und zeitgleich eine erhöhte Zufriedenheit am Arbeitsplatz erreicht werden.[4]

Alles in allem werden Mitarbeiter eher bereit sein, mit der Führung zu kooperieren, wenn ihnen das Gefühl vermittelt wird, dass ihre Arbeit strategisch auf die Vision und das Leitbild der Organisation ausgerichtet ist.[5]

Beispiele für fachlich exzellent ausgebildete Personen in Führungspositionen, die – durch fehlende Management- und Methodenkenntnisse – nur eine suboptimale Steuerung ihrer Organisation erreichen, gibt es reichlich. Eine Führungskraft sollte – neben der fachspezifischen Qualifikation des Aufgabenfeldes, das sie in der Organisation betreut – auch die Fähigkeit zur Leitung haben. Diese Fähigkeit ist ebenso wie die fachliche Qualifizierung erlernbar.[6] Betrachtet man Organisationen wie die Kirche oder kirchliche Organisationen, wird das Fehlen von Führungswerkzeugen und -fähigkeiten ersichtlich. Die Caritas sorgt deutschlandweit mit ihren über 500.000 Mitarbeitern für Wohlfahrtspflege, hat aber bedingt durch die rein theologische Ausrichtung ihrer Mitarbeiter Defizite in professioneller Unternehmensführung[7], welche aber einen großen Teil der täglichen Arbeit darstellt. Das liegt zum anderen daran, dass die Rekrutierung für höhere Führungsebenen aufgrund der Dauer der Organisationszugehörigkeit erfolgt, anstatt aufgrund der notwendigen Führungskompetenzen.

Ähnliche Probleme lassen sich auch im privaten Sektor beobachten, wie beispielsweise bei kleinen und mittelständischen Familienunternehmen. Bei wachsenden Organisationen kann es hierbei vorkommen, dass die Steuerung einer

---

[3]Vgl. Mastrangelo et al. (2004, S. 438 f.).

[4]Vgl. Ebd., S. 439 f.

[5]Vgl. Ebd., S. 438 ff.

[6]Vgl. Parks (2005, S. 4 f.).

[7]Vgl. Caritas (2014).

Organisation mangels effektiver Prozessgestaltung und organisatorischer Ausrichtung nicht optimal vollzogen wird. Oftmals befinden sich dort Personen in einer Leitungsfunktion, die zwar mit einer zuvor geringen Anzahl an Mitarbeitern zurechtkamen, nun aber, aufgrund nicht vorhandener betriebswirtschaftlicher Kenntnisse und Managementfähigkeiten, überfordert sein können.

Natürlich scheitern nicht alle Führungskräfte, die keine formale Managementausbildung hinter sich haben. Immer wieder sind sogenannte „Natural Born Leaders", die auch ohne Grundkenntnisse in der Führung zurechtkommen, in der öffentlichen Diskussion. In der Wissenschaft spricht man eher von Menschen, die verschiedene, als führungsrelevant angesehene Attribute in ihrer Persönlichkeit vereinen.[8] Es kann argumentiert werden, dass „Natural Born Leaders" aufgrund ihrer natürlichen Fähigkeiten bei der persönlichen Führung nach Mastrangelo et al. erhebliche Vorteile haben. Aber auch wenn kein natürliches Talent vorhanden ist, können diese zentralen Kompetenzen erlernt werden. Das kann durch formales Training, berufsbezogene Entwicklungsmöglichkeiten und selbstständige Weiterentwicklungsmaßnahmen geschehen.[9]

Zusammenfassend lässt sich feststellen, dass für eine erfolgreiche Beziehung zwischen Führungskraft und Mitarbeitern die korrekte Ausübung der professionellen Führung notwendig ist. Infolgedessen erhöht sich seitens der Belegschaft die bereitwillige Zusammenarbeit an der gemeinsamen Sache. Die Ergebnisse der Studie von Mastrangelo et al. zeigen aber auch, dass die persönliche Führung einen signifikanten Beitrag zur Kooperationsbereitschaft der Mitarbeiter liefert. Sie gibt den Mitarbeitern die Gelegenheit, die Glaubwürdigkeit der Führungskraft zu überprüfen. Mastrangelo et al. gehen noch weiter und stellen die These auf, dass die Qualität der persönlichen Führung entscheidenden Einfluss darauf hat, ob die professionelle Führung von den Mitarbeitern angenommen wird. Mitarbeiter entwickeln Vertrauen in die Professionalität des Unternehmens, wenn Führungskräfte ihnen professionelles Verhalten vorleben. Daraus lässt sich ableiten, dass es für die professionelle Führung vonnöten ist, die Elemente der persönlichen Führung zu beherzigen. Nur so kann eine funktionierende Organisation, bei der alle Mitglieder an einem Strang ziehen, erfolgreich betrieben werden.[10]

---

[8]Vgl. Blank (2001, S. 8 f.).
[9]Vgl. Yukl (2010, S. 423).
[10]Vgl. Mastrangelo et al. (2004, S. 446 f.).

Führung als Profession und Gewährleistung von Professionalität – Ein Vergleich mit anderen Berufsfeldern

6

In den vorangegangenen Abschnitten wurde immer wieder angedeutet, dass sich die Professionalität von Führungskräften an verschiedenen anderen Professionen orientieren könnte. Doch so einfach stellt sich der Sachverhalt nicht dar. Betrachtet man beispielsweise den Beruf des Anwaltes in den Vereinigten Staaten von Amerika, gibt der „American Bar Association (ABA) Model Code of Professional Responsibility" schon zu Beginn Aufschluss über den Sinn der Profession.

> The public should be protected from those who are *not qualified* to be lawyers by reason of a *deficiency in education or moral standards* or of other relevant factors but who nevertheless seek to practice law.[1]

Der hier beschriebene Schutz der Gesellschaft vor unqualifizierter Ausübung des Anwaltsberufes ist durchaus berechtigt. Die Gültigkeit ist jedoch nur für das spezifische Berufsfeld des Anwalts gegeben und per se nicht auf eine etwaige Profession der Führung zu übertragen. Der Beruf des Anwalts ist ein vordefiniertes Aufgabenfeld basierend auf niedergeschriebenen rechtlichen Normen.

Dabei stellen Abschlüsse, Zertifikate und Kontrollen Qualitätssicherungsmechanismen dar, welche neben inhaltlich spezifischem Wissen auch den, aus Sicht der Ausbildungsinstitutionen, relevanten professionellen Handlungsrahmen vermitteln.[2] Weitere Beispiele dafür sind alle Arten von „Abschlussberufen" wie Ärzte, Lehrer, Naturwissenschaftler und viele andere. Es kann zwar im Nachhinein nicht zwangsläufig Verlass darauf sein, dass diese Leitlinien des Handelns

---

[1] American Bar Association (1980), EC 1–2.
[2] Vgl. Kölsch (2011, S. 8).

© Springer Fachmedien Wiesbaden 2016
J. Brenner et al., *Grundsätze der Professionalität im Beruf,* essentials,
DOI 10.1007/978-3-658-14921-5_6

eingehalten werden, aber sie bieten ein verlässliches Grundgerüst, dass eine Einstellung zur jeweiligen Professionalität vermittelt wurde. Fachliche Kompetenz lässt sich dadurch besonders effektiv vermitteln; bei persönlichen Eigenschaften ist dies allerdings deutlich schwieriger. Qualifizierungselemente sollen dafür sorgen, dass einheitliche Maßstäbe und Kriterien an die Qualität der Berufsausübenden gelegt werden und diese auch erfüllt werden können. Ein Ingenieur, Architekt oder Arzt durchläuft einen Bildungsprozess mit standardisierten Lehrinhalten, welcher fachliche Elemente gut abzudecken vermag. Ob im Folgenden allerdings das persönliche Handeln als umfassend professionell angesehen wird, hängt von dem Vergleich von etablierten Erwartungen aus der Vergangenheit oder aus den Beziehungen zu anderen Vertretern des Berufstandes mit dem aktuell zu beurteilenden Verhalten eines bestimmten Berufstandes ab.

Komplexer sieht es in Berufsfeldern aus, in welchen keine einheitliche Qualifizierung existiert. Hier besteht das sogenannte „Scharlatanerieproblem", in welchem ein jeder behaupten kann, er handle selbst professionell und gleichzeitig spricht er dies den anderen ab. Durch Fehlen von Kriterien ist eine Auflösung dieses Dilemmas nicht möglich, was zur Konsequenz hat, dass nach außen nicht erkennbar ist, wem geglaubt werden kann und wer die für sich persönlich beste und professionelle Leistung bietet.[3] Dieses Problem ist vor allem in Dienstleistungsbereichen wie Consulting, Aufsicht und dem generellen Management anzutreffen. Dort gibt es keine zentral anerkannte Ausbildung oder Qualifizierung zur Ausübung der Aufgabe. Ergebnisse oder Leistungsdaten können zwar, auch wenn dies nicht trivial ist, in einer Form gemessen werden, das Evaluieren des „Wie" bleibt aber im Verborgenen und damit zwangsläufig auch eine Aussage über die potenzielle Professionalität.

Es existieren nach McKinlay zwei Möglichkeiten zum Umgang mit dem Scharlatanerieproblem:[4]

- Der Markt entscheidet wer sich durchsetzt. Es gibt keine Kontrolle.
- Über Berufsverbände werden Standards festgelegt, sodass der Markt geschlossen ist.[5]

---

[3]Kühl (2008, S. 3 f.).
[4]Kühl (2008, S. 11).
[5]Vgl. McKinlay (1973, S. 66 f.).

Dies führt laut Traue zu einer „Krise oder Bedrohung der Professionen"[6], da sich durch Selbstzuschreibungen von Professionalität die Selbstverwaltung der Arbeitsverhältnisse und Vertragsformen in diesen Berufsgruppen verändert. Dies kommt auch daher, dass Professionelle (Dienstleister) stets als Vertreter einer ganzen Klassenfraktion begriffen werden und so auch diese gegenüber Dritten vertreten.[7] Im Lehrbuch wird angenommen, dass Professionalität eine rein „soziale Etikettierung" ist, welche aufgrund von Kompetenzansprüchen oder Unterstellungen vorgenommen wird. Daher wird auch der Begriff der Kompetenzdarstellungskompetenz[8] als Folge dieses nicht messbaren Darstellungsproblems genutzt. Durch Besitz dieser Kompetenz ist es also möglich, Kompetenz und Professionalität nach außen hin auszustrahlen. Nach Traue führt dieses Phänomen zu einem neuen Verständnis von Professionalität – einer sogenannten Marktprofessionalität, also der Vermittlung von Inhalten, welche von extern gefordert werden, aber nicht notwendigerweise wirklich professionell sind. Diese zeichnet sich dadurch aus, dass durch eine extreme Anpassung des Handelns und Selbstdefinierens an den Markt („Vermarktlichungsdruck") nicht mehr die eigentlichen Kernelemente des professionellen Verhaltens, sondern marktvermittelte Elemente an erster Stelle stehen.[9] Die Folge ist, dass diese Marktprofessionalität eben gerade keine klassische Professionalität mehr darstellt (sondern genau das Gegenteil), diese ad absurdum führt und dadurch bestimmten Berufsgruppen genau diese Professionalität eben abgesprochen werden muss.[10] Daher wird vermehrt versucht eine Art Lizenzierung von bestimmten Tätigkeiten durch Erlangung eines Mandats über spezielle Ausbildungsgänge zu erreichen. Diese Mandate dienen zum einen zur Abwehr von Außenkontrollen durch die Einführung eigener professioneller Standards und begrenzt zum anderen die Anzahl der legitimierten Personen für den jeweiligen Zuständigkeitsbereich.[11] Im Folgenden werden einige Beispiele beleuchtet, in denen der Weg hin zu mehr Professionalität, oder möglicherweise auch mehr Kompetenzdarstellungskompetenz, beobachtet werden kann.

Im Bereich von Aufsichtsräten in Deutschland wird beispielsweise über den Deutschen Corporate Governance Kodex (DCGK) geregelt, worin die Anforderungen

---

[6]Traue (2010, S. 2).

[7]Traue (2010, S. 6).

[8]Vgl. Kurtz und Pfadenhauer (2010, S. 65).

[9]Vgl. Traue (2010, S. 9 ff.).

[10]Vgl. Traue (2010, S. 9).

[11]Vgl. Kühl (2008, S. 10 ff.).

zum Ausführen einer Aufsichtsratstätigkeit bestehen und welche Qualifikationen dafür nötig sind.[12] Dadurch soll die Professionalität in diesem nicht-regulierten Bereich möglichst hoch standardisiert werden. Dazu heißt es, dass Mitglieder eines Aufsichtsrates ihrer Aufgabe nur dann nachkommen und der Geschäftsleitung auf Augenhöhe begegnen können, wenn sie die vorliegenden Geschäftsprozesse verstehen und die Mindestkenntnisse besitzen, welche notwendig sind um die relevanten Vorgänge sachgerecht beurteilen zu können.[13] Diese Formulierungen sind zwar auch recht vage gehalten, sind allerdings ein Zeichen dafür, dass über die Qualifizierung und professionelle Ausführbarkeit von Aufsichtsratsaufgaben nachgedacht wird.

Kieser und Groß sehen mit Betrachtung des Consultingbereichs einen Wechsel von der klassischen Professionalität hin zu einer neuen Professionalität, welche sich auf das gesamte Arbeitsverhalten konzentriert und nicht auf Abschlüssen, sondern auf inhaltlichem professionellem Handeln basiert. Dafür wird aktuell viel im Bereich der Gewährleistung von Qualifikationsniveaus getan um die vorherrschenden Vorurteile gegenüber dem inflationären Markt der Beratungsindustrie abzubauen. Kieser und Groß sind der Meinung, dass durch diese Entwicklung das Vertrauen in die Qualität der Beratungsleistung wieder nachhaltig gestärkt werden kann.[14]

Im Sektor der humanitären Dienstleistungen (wie Entwicklungs- und Katastrophenhilfe), welcher lange Zeit eher von angelernten Mitarbeitern ausgeführt wurde, hat Roth beispielsweise analysiert, dass das globale Wachstum in diesem Arbeitsgebiet gleichzeitig auch eng mit einer Zunahme an Professionalität verknüpft ist. Dies konnte demnach vor allem durch die Festlegung von Standards, dem Einführen von universitären Abschlüssen, Weiterbildungsmaßnahmen und dem Aufbau von spezifischen Netzwerken erreicht werden. Des Weiteren wurden Schlüsselkompetenzen erarbeitet, welche in der humanitären Arbeit vonnöten sind und deren Einhaltung durch obige Maßnahmen sichergestellt werden soll. Unter Schlüsselkompetenzen werden im Allgemeinen erwerbbare Fähigkeiten verstanden, welche bei der Lösung von bestimmten Aufgaben von Nutzen sind und helfen, individuellen und gesellschaftlichen Anforderungen gerecht zu werden.[15] Damit steht das Innehaben von Schlüsselkompetenz direkt mit professionellem Verhalten in Verbindung. Konkret wurden in diesem Beispiel folgende Kompetenzen als besonders wichtig identifiziert: Verhandlungskompetenz,

---

[12]Vgl. Vogt (2011).
[13]Vgl. Vogt (2011).
[14]Vgl. Kieser und Groß (2006).
[15]Vgl. Orth (1999).

Konfliktmanagement, politisches Verständnis sowie die Überwachung der Einhaltung von Menschenrechten. Dies sieht Roth als wichtigen Schritt zur Etablierung eines professionellen humanitären Berufsstandes, was essenziell in Bezug auf das Auftreten gegenüber Geld- und Auftraggebern sei.[16]

Obige Beispiele stehen stellvertretend für viele weitere Branchen. Unabhängig von der eigentlichen inhaltlichen Ausrichtung einer Tätigkeit existieren allerdings nahezu überall hierarchische Strukturen, welche Managementaufgaben voraussetzen und diese zu einem zentralen Eckpunkt des Professionalitätsdiskurses erheben. Der Beruf (oder eher die Tätigkeit) des Managements selbst kann nicht als Profession verstanden werden, da es weder eine standardisierte Ausbildung noch Anforderungen an dieselbe gibt.[17] Nach Kühl hat sich die Managementtätigkeit selbstständig jeder Form der Professionsbildung entzogen.[18] Dies führt dazu, dass keine zentrale (höchstens eine individuelle) Festlegung von Professionalität einer Führungskraft existiert und somit auch nicht darauf zugearbeitet oder ausgebildet werden kann.

Führung umfasst ein sehr komplexes, breit gefächertes Spektrum an Aufgaben, Wissen, Handlungen und Fähigkeiten, das für gewöhnlich sehr kontextbezogen ausgeübt werden muss. Da Führung in (fast) jeder Berufsgruppe notwendig ist und der Aufstieg in eine Führungsposition für gewöhnlich erst im Laufe einer Karriere stattfindet, scheint eine einheitliche Ausbildung eines festen Berufstandes schwierig.

Dennoch gibt es Elemente aus anderen Professionen von denen die Führung lernen sollte. Schon die Einführung in den Anwaltskodex der American Bar Association gibt einen Hinweis, wie Führungskräfte mit dem Thema „Integrität und ethische Standards" umgehen sollten:

> Maintaining the integrity and improving the competencies of the bar to meet the highest standards is the ethical responsibility of every lawyer.[19]

Kuhrana und Nohria gehen zum Beispiel sogar so weit, dass sie die Einführung des Managements als echte Profession für sinnvoll halten. In ihrem entwickelten Verhaltenskodex stehen vor allem der Umgang und die Verpflichtung zu ethischen Themenpunkten im Mittelpunkt. Aus ihrer Sicht würde nicht nur die

---

¹⁶Vgl. Roth (2012, S. 2 ff.).

¹⁷Vgl. Kühl (2008, S. 2).

¹⁸Vgl. Kühl (2008, S. 13).

¹⁹American Bar Association (1980), EC 1–1.

gesellschaftliche Wahrnehmung von Managern verbessert werden, sondern auch ein Mehrwert für die Gesellschaft entstehen.[20]

Unternehmen schmücken sich seit geraumer Zeit mit unternehmensspezifischen „Codes of Conduct". Diese sollten für jeden Manager zur Selbstverständlichkeit werden. Die aus dem Code resultierenden ethischen Verpflichtungen spielen sowohl in die berufliche (Diskretion, Vertrauen) als auch in die organisatorische (Compliance) Professionalität mit ein. Vielleicht ist die Einführung des Managements als Profession Utopie, doch könnten die im Folgenden angeführten Grundsätze zur Sicherstellung professionellen Verhaltens führen und sollten daher zu den Grundzügen der Professionalität gezählt werden. Der folgende von Kuhrana und Nohria vorgeschlagene Leitfaden ist für Führungskräfte auf jeder Ebene von Bedeutung und sollte die Grundlage von professionellem und ethisch korrektem Handeln bilden.

1. Nachhaltige Steuerung meines Unternehmens/meiner Abteilung: „Ich bin mir bewusst, dass Unternehmens-/Abteilungsleitung aus einer Verknüpfung einer Vielzahl von Meinungen und Interessen besteht. Um diese Interessen angemessen in Einklang zu bringen, suche ich einen Weg, der den Wert meiner Unternehmung/Abteilung nachhaltig verbessert und somit auch gesellschaftlichen Nutzen mit sich bringt. Ich bin mir bewusst, dass dies nicht immer Wachstum und die Bewahrung des aktuellen Zustandes bedeutet, sondern auch weniger erfreuliche Handlungen wie Restrukturierung, Umbrüche oder den Verkauf von Anteilen mit einschließen kann, solange diese den Unternehmenswert bewahren oder verbessern."

2. Unternehmensinteresse steht stets vor privatem Interesse: „Ich verspreche, dass Erwägungen eines privaten Vorteils niemals das Interesse der Unternehmung/der Abteilung, die ich leite, verletzen werden. Obwohl gesundes persönliches Interesse der lebenswichtige Motor des Kapitalismus ist, kann ungezügelte Gier genau das Gegenteil bewirken. Daher widersage ich Entscheidungen, die meinen eigenen Ambitionen nutzen, aber zeitgleich dem Unternehmen und der zugehörigen Gesellschaft Schaden zufügen."

3. Compliance: „Ich verspreche Gesetze und Vorschriften zu verstehen und einzuhalten und diese in meinen eigenen Verhaltenskodex sowie den meines Unternehmens einzubeziehen. Mein eigenes Verhalten soll stets ein Beispiel an Integrität sein, gemessen an den Werten für die ich stehe und eintrete. Ich wache aufmerksam über die Integrität anderer und mache darauf aufmerksam, wenn ein anderer gegen die in diesem Codex verfassten Leitlinien verstößt."

---

[20]Vgl. Kuhrana und Nohria (2008, S. 70 ff.), Ciulla (2014, S. 3).

4. Weiterentwicklung und Anwendung von fachspezifischem Wissen: „Ich leite mein Unternehmen/meine Abteilung sorgfältig, gewissenhaft und aufmerksam. Mein Urteilsvermögen basiert auf dem aktuellsten Wissensstand. Zudem versuche ich stets offen für neues Wissen sowie Innovation zu sein und werde Kollegen beratend zur Seite stehen. Ich werde mein Möglichstes tun, mich fortlaufend weiterzubilden und meinen Wissensstand auch an die nächste Generation von Managern weiterzugeben."

5. Transparenz: „Ich sorge dafür, dass die Unternehmensleistung für alle Stakeholder transparent und akkurat dargestellt wird. Darüber hinaus versuche ich den Prozess der Entscheidungsfindung für involvierte Personen zu veranschaulichen."

6. Freiheit der Entscheidungsfindung: „Meine Entscheidungen werden nicht durch Geschlecht, Rasse, sexuelle Orientierung, Religion, Nationalität, Parteizugehörigkeit oder sozialen Status beeinflusst. Ferner versuche ich die Interessen derer zu schützen, die dazu selbst nicht in der Lage sind und von meinen Entscheidungen betroffen sind."

7. Stellung der Profession: „Ich bin mir bewusst, dass meine Stellung und die daraus resultierenden Privilegien, die mit meinem Berufstand einhergehen, aus dem Vertrauen und der Anerkennung der gesamten Profession herrühren. Daher bin ich mir der Verantwortung bewusst, den Berufstand und dessen gesellschaftliche Stellung zu verkörpern, zu schützen und weiterzuentwickeln."[21]

Des Weiteren haben Berner und Kühl aus ihrem Alltagsverständnis heraus jeweils einige für sie essenzielle Grundsätze der Professionalität entwickelt.

Nach Berner umfassen diese Grundsätze:[22]

- Anstand und Pflichtgefühl
- Erfüllung eingegangener Verpflichtungen
- Sachbezogenes vs. Ich-haftes Handeln
- Die Werte hinter Professionalität
- Mut zum Widerspruch
- Treffen von ungeliebte Entscheidungen
- Verzicht auf Halbherzigkeit

---

[21]Vgl. Kuhrana und Nohria (2008, S. 73), (Übersetzung durch die Autoren).
[22]Berner (2004, S. 1 ff.).

Nach Kühl beziehen sich die Grundsätze auf:[23]

- aufgabenbezogenes Know-how
- Cleverness
- Flexibilität
- Selbst- und Profitorientierung

Berners Grundsätze zielen eher auf mögliche moralische Ansprüche eines professionellen Verhaltens ab, während Kühl mit seinen Grundsätzen allgemeine inhaltliche Anforderungen ins Zentrum stellt. Sicherlich hat keiner der beiden Ansätze einen Anspruch auf absolute Gültigkeit oder Vollständigkeit, aber sie geben einen Eindruck davon, welche Eigenschaften dahin gehend von Bedeutung sein könnten. Im Folgenden konzentrieren wir uns nunmehr auf die Professionalität von Führungskräften in Unternehmen, also Managern, da hierfür die Literatur keine etablierten Standards ausweist.

---

[23]Kühl (2008).

Leitsätze und Handlungsempfehlungen der Professionalität in Führungspositionen

Es soll nun zusammenfassend beschrieben werden, was Professionalität nicht nur im Beruf allgemein, sondern auch speziell in einer Führungsposition bedeutet. Gibt es eine Unterscheidung der professionellen Anforderungen zwischen Mitarbeitern und Führungskräften oder gibt es eher eine allgemeingültige, gemeinsame Basis?

Mitunter konnte während unserer Durchsicht der Literatur keine eindeutige Unterscheidung zwischen den verschiedenen Hierarchiestufen gefunden werden, sodass sich die Grundsätze von Professionalität im Beruf mit folgender Definition von Professionalität bzw. von professionellem Handeln beschäftigen: das bewusste Auseinandersetzen damit, was von einem Individuum (in diesem Fall bspw. von einem/einer Abteilungsleiter/in) gefordert wird, das sich sowohl der Effektivität der Organisation als auch der Integration anderer Individuen (in diesem Fall bspw. der Mitarbeiter) in die Organisation verschrieben hat.[1] Allerdings sollte unserer Ansicht nach überlegt werden, ob diese Grundsätze nicht doch eine unterschiedlich starke Anwendung hinsichtlich des professionellen Handelns des jeweiligen Akteurs – abhängig von dessen Position innerhalb der Hierarchie – voraussetzen. In der Praxis kann hier beispielsweise die Hierarchiebeziehung zwischen Oberarzt und Arzt herangezogen werden. Die nachfolgend definierten Grundsätze ergeben sich nach Vergleich und Zusammenfassung der Ergebnisse unserer Durchsicht der Literatur, die zur allgemeinen Erarbeitung der Begrifflichkeit der Professionalität und des professionellen Handelns im Beruf geführt hat. Mitunter wurden Aspekte aus dem Verständnis der Professionalität in anderen Berufsgruppen ohne direkten Bezug zur Führung, sondern basierend auf Standards wie bspw. bei Ärzten oder Anwälten übernommen und abgeleitet.

---

[1]Vgl. Lung (2012).

© Springer Fachmedien Wiesbaden 2016
J. Brenner et al., *Grundsätze der Professionalität im Beruf*, essentials,
DOI 10.1007/978-3-658-14921-5_7

Grundsatz 1: Wahrung eines gewissen Expertenstatus bzw. eines Bewusstseins zum Heranziehen von Expertenwissen

> Professionell zu arbeiten heißt auch zu wissen, wozu ich nicht in der Lage bin, bzw. wofür andere zuständig oder besser geeignet sind (Herwig-Lempp, J. 1997).

Ein wichtiger Teil der Professionalität im Beruf ist das Erreichen eines gewissen Expertenstatus bzw. des Bewusstseins, dass Expertenwissen herangezogen werden muss, falls es in der aktuellen Situation nicht vorhanden ist. Wie Meuser beschreibt, mag es zwar ein professionelles Handeln außerhalb der Professionen geben, allerdings nicht unabhängig von Expertenwissen.[2] Die Professionalität wird entweder durch Expertenwissen des Akteurs, also in diesem Fall durch das Wissen der Führungskraft oder dadurch garantiert, dass Expertenwissen in einer anderen Weise systematisch herangezogen wird. Dies wird heutzutage oftmals durch den Einsatz von Beratern erzielt. Das nicht vorhandene Expertenwissen wird sozusagen eingekauft.

Zum professionellen Handeln im Beruf gehört somit auch, die Grenzen der eigenen Kompetenz zu kennen, denn niemand „kann" alles. Wichtig ist, dass diese Grenzen nicht nur erkannt, sondern auch akzeptiert werden.[3]

Es ist weithin bekannt, dass sich nicht alle auftretenden Probleme im Berufsalltag lösen lassen – man steht vor der Herausforderung zu entscheiden, welche Aufgaben selbst bearbeitet und gelöst werden können und welche nicht. Professionelles Verhalten in diesem Zusammenhang zeigt sich also auch darin, dass die Führungskraft, erkennt, wenn die Mitarbeiter und Kollegen die vorliegende Aufgabe nicht ganzheitlich lösen können und somit externe Unterstützung benötigen.[4]

Die Verfügung über Expertenwissen – sei es das eigene Wissen oder das Wissen anderer – ist an dieser Stelle also eines der entscheidenden Kriterien zur Erreichung von Professionalität im Beruf.

Grundsatz 2: Aufbau von Erfahrungswissen

> Nichts ist praktischer als eine gute Theorie.

---

[2]Vgl. Meuser (2005, S. 260 ff.).

[3]Vgl. Meyer (2010), Herwig-Lempp (1997).

[4]Vgl. Herwig-Lempp (1997).

Unter Erfahrungswissen verstehen wir, dass das explizite theoretische und praktische Wissen[5] sowie das implizite Wissen[6] in einer Weise organisiert und strukturiert werden, dass die Erreichung von Tätigkeits- oder Arbeitszielen weitgehend optimiert wird.[7] Es findet somit eine Verbindung von kognitiv-wissenschaftlichen und praxisbezogenen Komponenten statt mit dem Ziel, systematisiertes Wissen zur Lösung von praktischen Problemen anzuwenden. Erfahrungswissen stellt also eine wichtige Komponente von professionellem Handeln dar. Es ist im Prinzip bei allen Arbeitsprozessen von Bedeutung. Die wichtigste Rolle spielt es in Situationen, die u. a. durch ein unvollständiges Informationsangebot gekennzeichnet sind, in nicht durchschaubaren oder berechenbaren Situationen, aber auch in Situationen, die schnelle Entscheidungen ohne langes Nachdenken erfordern (bspw. in Krisensituationen).[8]

Zur Sicherstellung von professionellem Handeln und der Professionalität im Beruf sollte also stets das Ziel verfolgt werden, das vorhandene gesammelte Erfahrungswissen so einzusetzen, dass es, ergänzt mit analytisch entwickelten Ansätzen und planvollem Vorgehen zur Problemlösung führt.[9]

Grundsatz 3: Wahrung einer gewissen Autonomie

Machen Sie, was Sie für richtig halten!

Die Wahrung einer gewissen Autonomie stellt ebenso einen Aspekt des professionellen Handelns dar. Doch was versteht man unter dem Begriff „Autonomie"? Laut Duden beschreibt die Autonomie eine verwaltungsmäßige Unabhängigkeit bzw. Selbstständigkeit.[10]

In der bisherigen Diskussion wurde die Professionalität stets als weitgehend unabhängig von Hierarchien, Autoritäten und bürokratischer Befehlsherrschaft betrachtet. Erstaunlicherweise geschieht dies, obwohl die Mehrzahl der Personen gerade in Führungspositionen eben in Befehls- und Abhängigkeitsstrukturen hierarchischer Organisationen eingebunden ist. Diese Personen wahren aber stets eine

---

[5]Anmerkung: das aussagbare oder deklarative Wissen.

[6]Anmerkung: das schweigende Wissen, auch bekannt als „tacit knowlegde".

[7]Vgl. Hacker (1992).

[8]Vgl. Hacker (1992).

[9]Vgl. Böhle (2010, S. 36 ff.).

[10]Vgl. Duden Online (2015), Stichwort: Autonomie.

gewisse (relative) Autonomie. Warum passiert das? Diese Autonomie stellt für den Bereich der Professionalität im Beruf ein Alleinstellungsmerkmal dar.[11] Die Expertenkompetenz grenzt hier den Experten nicht nur auf individueller Ebene von der des Laien ab, sondern auch von anderen Berufsgruppen und von den Auftraggebern. In diesem Fall verfolgt also die Wahrung einer gewissen Autonomie das Ziel, mit der eigenen Wissensbasis eine Unabhängigkeit gegenüber der Gesellschaft zu erhalten und zu bewahren.[12] Im Rahmen dieser Autonomie können auch die eigenen Arbeitsstandards zur Beurteilung der Leistung und Kontrolle selbst generiert werden. Damit wird gewährleistet, die volle Verantwortung für die eigene Arbeit tragen zu können[13], standhaft zu bleiben und auch bei Kritik an seinen Entscheidungen festzuhalten.

Grundsatz 4: Bereitschaft zum lebenslangen Lernen

> Professionell bedeutet: auf der Höhe der Zeit in Bezug auf das Fachwissen (Herwig-Lempp, J. 1997).

Eine entscheidende Voraussetzung für Professionalität ist das lebenslange Lernen, also die Bereitschaft und Fähigkeit, sich immer neues Wissen anzueignen, immer auf dem aktuellen Stand zu sein. In der heutigen Zeit ist das lebenslange Lernen im Beruf nahezu unverzichtbar.

Häufig ist auch das sogenannte innovatorische Element des Handelns von zentraler Bedeutung. Dieses Kriterium beschreibt nach Meuser das Handeln von Professionsangehörigen in der jeweiligen Fachwissenschaft. Das Handeln soll folgende Eigenschaften aufweisen: fundiert, idealiter und gleichzeitig auf dem aktuellen Stand der Forschung. Ein häufiges Beispiel sind hier Ärzte, die regelmäßig den Fortbildungsauflagen ihres Berufsstandes entsprechen müssen.[14]

Die Anpassungsfähigkeit im Berufsleben bezeichnet mitunter auch die mentale Fähigkeit, sich auf geänderte Anforderungen und Bedingungen einer Situation schnell einstellen zu können. Voraussetzung für diesen Aspekt ist den verschiedenen Veränderungen aufgeschlossen gegenüberzustehen sowie Eigenschaften wie Umstellungsfähigkeit und Veränderungsbereitschaft zu besitzen. „Nur wer sich ändert, überlebt im Berufsleben und schreitet professionell

---

[11]Vgl. Meuser (2005, S. 260 ff.).
[12]Vgl. Meyer (2010, S. 5 f.).
[13]Vgl. Kalkowski (2010).
[14]Vgl. Meuser (2005, S. 260 ff.).

voran."[15] Das Expertenwissen und die professionellen Grundsätze stehen dabei aber nicht zur Disposition. Auch der Auftraggeber kann sie nicht abdingen. Durch die Autonomie wird der professionelle Berufsträger in die Lage versetzt, seine Berufsgrundsätze zu wahren.

Grundsatz 5: Wahrung einer gewissen Menschlichkeit

Professionell heißt zu fragen: Für wen mache ich das? (Herwig-Lempp, J. 1997).

Eine der wichtigsten Komponenten der Professionalität im Beruf ist sicherlich die Wahrung einer gewissen Menschlichkeit. Professionelles Management ist heute in einer doppelten Form auf die gegenseitige Anerkennung und das gegenseitige Vertrauen angewiesen. Professionelles Handeln kann nicht durch ein auf sich gestelltes Individuum geleistet werden. Die Anerkennung der Position der Führungskraft verdeutlicht beispielsweise auch die Arbeitsteilung und damit Rechtfertigung dieser Position im Zusammenspiel der unterschiedlichen professionellen Akteure. Die professionelle Arbeit kann daher nur als Gemeinschaftsleistung betrachtet werden.

Eine zentrale Voraussetzung für Führung gerade von professionellen Fachkräften ist eben die Kompetenz, diese Professionalität beurteilen zu können. Es müssen also Aussagen darüber möglich sein, ob sich die Leistung und das Verhalten bestimmter MitarbeiterInnen zielgerecht und den Wertvorstellungen entsprechend darstellt.[16]

Andererseits ist auch die Führungskraft, allerdings umgekehrt, auf das Vertrauen und die Kompetenz sowie die adäquate Leistung der Fachkräfte angewiesen.[17] Wichtig ist also eine Vertrauensbeziehung zwischen Führungskräften und Fachkräften zu erreichen und auch zu pflegen.[18] Um gleichzeitig diese Vertrauensbeziehung, wie auch Autorität verkörpern zu können, ist es daher essenziell den Mitarbeitern stets mit Empathie, der Sache allerdings mit Bestimmtheit zu begegnen.

---

[15]Langer (2013, S. 84 f.).

[16]Vgl. Langer (2013, S. 85).

[17]Anmerkung: Die Qualität kann letztlich jedoch niemals wahrhaftig mit quantifizierbaren Methoden überprüft werden.

[18]Vgl. Langer (2013, S. 84 f.), Okun und Hoppe (2014, S. 96 f.).

Fazit 8

Zielsetzung der vorliegenden Arbeit war es, Grundsätze der Professionalität im Beruf aufzustellen bzw. Wege zu finden, wie professionelles Handeln beeinflusst und sichergestellt werden kann. Bevor dieses Unterfangen begonnen werden konnte, musste zuerst ein gemeinsames Verständnis von Professionalität, professionellem Handeln und eine Abgrenzung zur Professionalisierung vorgenommen werden. In unserem heutigen Sprachgebrauch wird häufig von „Professionalität" oder vom „Profi" geschrieben. Die Erwartungen sind meist dieselben. Es wird Expertise erwartet und vorausgesetzt, dass diese Professionellen mit ihrem Tun auf der Höhe der Zeit sind, dieses beherrschen, zügig und reibungslos arbeiten sowie erklären können, was und warum sie etwas tun und dass sie vor allem für ihre Arbeit gerade stehen. Genauso verlässlich muss die Professionalität von Führung sein. Wer beispielsweise als Führungsperson miserable Kommunikationsfähigkeiten besitzt und sich gleichzeitig damit rühmt, kein Kommunikationstraining zu benötigen, verhält sich nach dieser Definition unprofessionell.

Grundsätzlich ist die Professionalität eine persönliche Kompetenz, die unabhängig von Hierarchien, Autoritäten oder bürokratischer Befehlsherrschaft existiert. Ferner ist sie ein graduelles Phänomen. Der Akteur ist selbstverantwortlich, inwieweit er professionell handelt, auch wenn Professionen zunehmend versuchen einheitliche Standards und Qualifizierungen zu etablieren. Sie bestimmt sich je nach Bereitschaft und Fähigkeit des konkreten Akteurs. Dennoch kann diese nur durch die Interaktion mit anderen Akteuren bewertet werden. Speziell auf den Führungsaspekt angewandt, ist ein einheitliches professionelles Führungsverständnis umso notwendiger, je weniger Führung strukturell verankert ist, also je weniger Hierarchiestufen dazwischen liegen und je mehr auf den Führungskräften lastet.

© Springer Fachmedien Wiesbaden 2016
J. Brenner et al., *Grundsätze der Professionalität im Beruf*, essentials,
DOI 10.1007/978-3-658-14921-5_8

Zur Absicherung von Professionalität bzw. zur Förderung professionellen Handelns sollten Führungskräfte sich selbst, aber insbesondere auch die Mitarbeiter motivieren nach diesen Grundsätzen zu agieren. Professionelles Handeln stellt möglicherweise gegenüber der Konkurrenz ein Alleinstellungsmerkmal dar. Kunden fordern heutzutage Professionalität und scheuen sich nicht davor zur Konkurrenz zu wechseln, wenn ihre Erwartungen enttäuscht werden. Dies beeinträchtigt die Reputation des ganzen Unternehmens mit entsprechenden negativen Langzeitfolgen.

Die zuvor definierten fünf Grundsätze – Expertenstatus, Erfahrungswissen, Autonomie, Flexibilität und Menschlichkeit – werden mit dem Ziel der Vereinfachung im Folgenden in drei konkrete Handlungsempfehlungen zusammengefasst. Wichtig ist, dass die Aspekte der Grundsätze professionellen Handelns verinnerlicht werden und nicht wie von Pfadenhauer beschrieben nur nach außen vorgetäuscht werden.

Was Sie aus diesem *essential* mitnehmen können

- Aufbau und Erhalt von professionellem Wissen
  Lassen Sie Ihre Kenntnisse und Fähigkeit nicht veralten. Bilden Sie sich fort. Erweitern Sie Ihr Wissen – egal ob akademisches Wissen, Erfahrungs- oder Allgemeinwissen. Gehen Sie die Verpflichtung ein, weiteres Know-how aufzubauen und bleiben Sie up to date in Ihrer Branche. Holen Sie sich Feedback zu Ihrem Wirken ein, um sich stetig weiterzuentwickeln.
- Entwicklung von emotionaler Intelligenz und Verkörperung von Integrität
  Seien Sie in der Lage, Ihren Kunden und Mitarbeitern zu geben, was sie brauchen, weil Sie wissen wie man eigene aber auch fremde Gefühle richtig wahrnimmt, versteht bzw. beeinflussen kann. Hierzu gehören das aktive Zuhören und die Beobachtung Ihres Umfelds. Auch zur Weiterentwicklung der sozialen Kompetenzen ist es erforderlich, Feedback zum eigenen Wirken einzuholen. Des Weiteren stellt ein Vorangehen und Befolgen von moralisch-ethischen Grundsätzen die Basis für ein Vertrauensverhältnis und die eigene Vorbildfunktion dar.
- Zuverlässigkeit, Verantwortungsgefühl und gute Vorbereitung
  Seien Sie zuverlässig. Wenn Sie ein Versprechen an Ihren Chef, Kollegen oder Kunden geben, halten Sie es. Übernehmen Sie Verantwortung für Ihre Aufgaben und Entscheidungen. Suchen Sie keine Ausreden und konzentrieren Sie sich auf die Erfüllung der Erwartungen – vor allem gegenüber den Kunden. Bleiben Sie freundlich, höflich und zeigen Sie gute Manieren gegenüber jedem. Seien Sie vorbereitet. Planen Sie voraus. Konzentrieren Sie sich auf die Verbesserung Ihres Zeit-Managements und Ihrer Planungsfähigkeiten.

© Springer Fachmedien Wiesbaden 2016
J. Brenner et al., *Grundsätze der Professionalität im Beruf*, essentials,
DOI 10.1007/978-3-658-14921-5

Welche Bücher/Artikel sollten unbedingt gelesen werden?

Englische Literatur
Evetts, J. (2008), Professionalität durch Management? Neue Erscheinungsformen von Professionalität und ihre Auswirkungen auf professionelles Handeln. In: *Journal of Social Policy Research*, Heft 1, 2008 S. 96–107.
Mastrangelo A.; Eddy, E.; Lorenzet, S. (2004), The importance of personal and professional leadership. In: *Leadership & Organization Development Journal*, Vol. 25, Issue 5 S. 435–451.
Kuhrana, R.; Nohria, N. (2008), It's Time to Make Management a True Profession. In: *Harvard Business Review*, 10/2008, S. 70–77.

Deutsche Literatur
Pfadenhauer, M. (2003), *Professionalität. Eine wissenssoziologische Rekonstruktion institutionalisierter Kompetenzdarstellungskompetenz*, Opladen 2003.
Kühl, S. (2008), Die Professionalisierung der Professionalisierer? Das Scharlatanerieproblem im Coaching und der Supervision und die Konflikte um die Professionsbildung. In: *Organisationsberatung – Supervision – Coaching*, Jg. 15, Heft 3, 2008, S. 260–294.
Pinnow, D. F. (2012), *Führen – Worauf es wirklich ankommt*, 6. Aufl., Wiesbaden 2012.

© Springer Fachmedien Wiesbaden 2016
J. Brenner et al., *Grundsätze der Professionalität im Beruf*, essentials,
DOI 10.1007/978-3-658-14921-5

Literatur

American Bar Association (1980), *American Bar Association Model Code of Professional Responsibility*, Chicago 1980.

American Medical Association (1848), *Code of Medical Ethics*, New York 1847.

Bass, B.; Bass, R. (2008), *The Bass Handbook of Leadership – Theory, Research and Managerial Implications*, 4th Edition, New York 2008.

Berner, W. (2004), *Lexikon des Change Management*, Die Umsetzungsberatung – Winfried Berner und Partner.

Blank, W. (2001), *The 108 Skills of Natural Born Leaders*, New York 2001.

Boyt, T. E., Lusch, R. F., and Naylor, G. (2001), The role of professionalism in determining job satisfaction in professional services: a study of marketing researchers. In: *Journal of Service Research*, Vol. 3 (4), S. 321–330.

Böhle, F. (2010), Erfahrungswissen und subjektivierendes Handeln - verborgene Seiten professionellen Handelns, in: Busse, S; Ehmer, S. (Hrsg.), *Wissen wir, was wir tun?: Beraterisches Handeln in Supervision und Coaching (Interdisziplinare Beratungsforschung)*, Göttingen 2010, S. 36–54.

Caritas (2014), Millionenfache Hilfe, unter: http://www.caritas.de/diecaritas/wofuerwirstehen/millionenfache-hilfe (Stand: 15.03.2015).

Ciulla, J. B. (2014), *Ethics, the Heart of Leadership*, 3rd Edition, Santa Barbara 2014.

Coates, J. C. (2007): The Goals and Promise of the Sarbanes-Oxley Act. In: *The Journal of Economic Perspectives*, Vol. 21, No. 1, S. 91–116.

Evans, L. (2002), *Reflective Practice in Educational Research: Developing Advanced Skill*, London 2002.

Evans, L. (2010), Professionalism, Professionality and the Development of Education Professionals. In: *British Journal of Educational Studies*, Vol. 56, Issue 1, S. 20–38.

Evetts, J. (2008), Professionalität durch Management? Neue Erscheinungsformen von Professionalität und ihre Auswirkungen auf professionelles Handeln. In: *Journal of Social Policy Research*, Heft 1, 2008, S. 96–107.

F. A. Brockhaus (2005), *Brockhaus Enzyklopädie* (21. Ausg.). Leipzig.

Fox, C. J. (1992), What Do We Mean When We Say „Professionalism?" A Language Usage Analysis for Public Administration. In: *American Review of Public Administration*, Vol. 2, Nr. 1, 1992, S. 1–17.

Hacker, W. (1992), *Expertenkönnen. Erkennen und Vermitteln*, Göttingen 1992.

© Springer Fachmedien Wiesbaden 2016

J. Brenner et al., *Grundsätze der Professionalität im Beruf,* essentials,

DOI 10.1007/978-3-658-14921-5

Herwig-Lempp, J. (1997), „Ist Sozialarbeit überhaupt ein Beruf?" – Beitrag zu einer eigentlich überflüssigen Diskussion, in: *Sozialmagazin*, Vol. 2, 1997, S. 16–26.

Kalkowski, P. (2010), Arbeitspapier zur Klärung der Begriffe „Beruflichkeit und Professionalisierung" in der Fokusgruppe 1: *„Beruflichkeit und Professionalisierung" im Rahmen des BMBF-Förderprogramms „Dienstleistungsqualität durch professionelle Arbeit"*, Göttingen 2010.

Karrierebibel (2015), *Karrierebibel*, abgerufen am 01.03.2015 von http://karrierebibel.de/professionelles-auftreten-basis-fur-karriere-und-erfolg/

Kieser, A.; Groß, C. (2006), Are Consultants Moving Towards Professionalization?, in E. G. Limited (Hrsg.), *Research in the Sociology of Organizations*, Volume 24, Professional Service Firms, pp. 69–100.

Kouzes, J. M.; Posner, B. Z. (2003), *The Jossey-Bass Academic Administrator's Guide to Exemplary Leadership*, San Francisco 2003.

Kölsch, M. (2011), *Integrative Kompetenz – Erfahrungsbasierte Professionalisierung*, St. Gallen: Universität St. Gallen, 2011.

Kuhrana, R.; Nohria, N. (2008), It's Time to Make Management a True Profession. In: *Harvard Business Review*, 10/2008, S. 70–77.

Kurtz, T. (2005), Das professionelle Handeln und die neue Wissensberufe, in: Pfadenhauer, M. (Hrsg.), *Professionelles Handeln*, Wiesbaden 2005, S. 243–252.

Kurtz, T.; Pfadenhauer, M. (2010). Soziologie der Kompetenz. Wiesbaden: Springer.

Kühl, S. (2008), Die Professionalisierung der Professionalisierer? Das Scharlatanerieproblem im Coaching und der Supervision und die Konflikte um die Professionsbildung. In: *Organisationsberatung – Supervision – Coaching*, Jg. 15, Heft 3, 2008, S. 260–294.

Lung, H. (2012), Die moderne Führungskraft – das unbekannte Wesen, in: *Rundbrief, Europäisches Wirtschaftsforum e. V.*, Berlin 2012.

Mastrangelo A.; Eddy, E.; Lorenzet, S. (2004), The importance of personal and professional leadership. In: *Leadership & Organization Development Journal*, Vol. 25, Issue 5, S. 435–451.

McKinlay, J.B. (1973), Clients and Organizations, in: Ders. (Hrsg), *Processing People. Cases in Organizational Behaviour*, London et al., Holt, Rinehart, Winston, S. 339–378.

Meuser, M. (2005), Professionell handeln ohne Profession? Eine Begriffsrekonstruktion, in: Pfadenhauer, M. (Hrsg.), *Professionelles Handeln*, Wiesbaden 2005, S. 253–264.

Meyer, R. (2010), Professionalisierung und Professionalität für Tätigkeiten in der Berufsbildung, in: Büchter, K., *Enzyklopädie Erziehungswissenschaften Online*, Weihnheim, München 2010.

Onpulson – Wissen für Manager und Unternehmer. (2015), *Onpulson*, abgerufen am 01.03.2015 von http://www.onpulson.de/lexikon/professionalitaet/

Orth, H. (1999), Schlüsselqualifikationen an deutschen Hochschulen – Konzepte, Standpunkte, Perspektiven, Neuwied: Luchterhand 1999.

Parks, S. D. (2005), *Leadership Can Be Taught: A Bold Approach for a Complex World*, Cambridge 2005.

Petrick, J. A.; Scherer, R. F. (2002), The Enron Scandal and the Neglect of Management Integrity Capacity. In: *American Journal of Business*, Vol. 18, Issue 1, S. 37–50.

Pfadenhauer, M. (2003), *Professionalität. Eine wissenssoziologische Rekonstruktion institutionalisierter Kompetenzdarstellungskompetenz*, Opladen 2003.

Pinnow, D. F. (2012), *Führen – Worauf es wirklich ankommt*, 6. Aufl., Wiesbaden 2012.

Roth, S. (2012), Professionalisation Trends and Inequality: experiences and practices in aid relationships, in: *Third World Quarterly*, Volume 33, Issue 8, 2012.

Schinkel, W.; Noordregraaf, M. (2011), Professionalism as Symbolic Capital: Materials for a Bourdieusian Theory of Professionalism. In: *Comparative Sociology,* Vol. 10, 2011, S. 67–96.

Schmid, B. (2008), Der *systemische Ansatz + Steuerung. Systemische Professionalität.* isb GmbH, 2008.

Traue, B. (2010), *Marktprofessionalität – ein neues Kulturmuster der Professionalität im Neuen Kapitalismus.* SSOAR – Open Access Repository 2010.

Vogt, K. (2011), Professionalisierung von Aufsichtsräten, in: *Betriebsberater Heft,* Vol. 31, 2011, S. 1899.

Yukl, G. (2010), *Leadership in Organizations,* 7th Edition, New Jersey 2010.